Rêve Access

Parcoursup :

6 jours pour un dossier parfait !

SOS

Principes de fonctionnement de la plateforme Parcoursup

La plateforme Parcoursup a mauvaise réputation, mais est en fait très riche en informations et plutôt facile d'emploi, pas d'inquiétude !

S'inscrire sur Parcoursup

Dans tous les cas, il vous faut obligatoirement une adresse de messagerie valide que vous consultez régulièrement. Elle vous permettra de recevoir des messages de la plateforme sur le suivi de votre dossier et les propositions d'admission.

Si vous êtes lycéen en terminale et si vous préparez le baccalauréat en France, y compris via le CNED en classe réglementée, ou dans un lycée français à l'étranger, vous avez besoin de votre identifiant national élève (INE ou INAA en lycée agricole).

Si vous êtes déjà étudiant (vous avez donc déjà obtenu le baccalauréat ou DAEU) et si vous souhaitez vous réorienter, vous avez également besoin de votre identifiant national élève (INE ou INAA en lycée agricole). Si vous étiez déjà inscrit sur Parcoursup l'année dernière, votre numéro de dossier en 2023 n'est plus valable pour la session 2024. En revanche, il est vraiment recommandé de vous inscrire avec l'adresse de messagerie que vous aviez utilisée l'année dernière sur Parcoursup pour récupérer les éléments de votre dossier 2023.

Si vous êtes candidat libre au baccalauréat, vous avez besoin de votre n° OCEAN ou CYCLADES (numéro d'inscription au baccalauréat composé de 10 chiffres).

Si vous êtes candidat non scolarisé (en reprise d'études), vous avez besoin de votre identifiant national élève (INE ou INAA). Si vous n'avez pas d'INE, vous cochez la case « Je n'ai pas d'INE ».

Si vous avez suivi votre scolarité à l'étranger (hors lycées français à l'étranger), cochez la case « Je n'ai pas d'INE » pour vous inscrire.

Ces éléments vous permettent de commencer votre inscription pour obtenir votre numéro de dossier Parcoursup et créer votre mot de passe.

La gestion des vœux dans Parcoursup

Pour sélectionner les formations qui vous intéressent, vous devez vous connecter à votre dossier et cliquer sur le bouton "Ajouter un vœu" pour accéder au moteur de recherche des formations.

Vous pouvez formuler **jusqu'à 10 vœux pour des formations sélectives** (BTS, CPGE, BUT, écoles, IEP/sciences Po, IFSI, EFTS, formations paramédicales, licences sélectives, écoles vétérinaires, etc.) **ou non sélectives** (licences, dont les licences "accès santé", et parcours spécifique accès santé - PASS), dans les établissements de votre choix, **sans les classer**.

Pour certaines formations, vous pouvez formuler des sous-vœux et ainsi candidater auprès de plusieurs établissements pour une même formation et cela sera comptabiliser au titre d'un seul vœu. Vous pouvez choisir un ou plusieurs établissements, sans avoir besoin de les classer. Ce vœu est considéré comme un vœu multiple car il vous permet d'élargir vos choix. Par exemple, vous pouvez demander un BTS "Management commercial opérationnel" ou une CPGE (classe préparatoire) "MPSI" proposés par plusieurs établissements différents. Le choix de la formation sera comptabilisé comme un seul vœu et les établissements que vous aurez choisis parmi ceux proposant cette formation correspondront à des sous-vœux. Parmi les formations concernées par les sous-vœux, on distingue :

1/ Les formations dont le nombre de sous-vœux est limité à 10 par vœu, dans la limite de 20 sous-vœux au total :

- les BTS et les BUT,
- les DN MADE,
- les DCG (diplôme de comptabilité et de gestion),
- les classes prépas (CPGE),
- les EFTS (Etablissements de Formation en Travail Social,
- les DNA (diplôme d'art national).

2/ Les formations dont le nombre de sous-vœux n'est pas limité (et n'est donc pas pris en compte dans la limite des 20 sous-vœux au total) :

- les IFSI (Instituts de Formation en Soins Infirmiers) et les instituts d'orthophonie, orthoptie et audioprothèse regroupés au niveau territorial,
- les écoles d'ingénieurs et de commerce/management qui recrutent sur concours commun Sciences Po / IEP Paris et le réseau des Sciences Po / IEP (Aix, Lille, Lyon, Rennes, Saint-Germain-en-Laye, Strasbourg et Toulouse),
- les parcours spécifiques "accès santé" (PASS) en Ile-de-France,
- le concours commun des écoles nationales vétérinaires.

A savoir :

- Pour les IFSI, les instituts en orthoptie, audioprothèse et orthophonie, vous êtes limité à cinq vœux par type de formation.
- Des règles spécifiques concernant le nombre de vœux et sous-vœux sont prévus pour les candidats de nationalité étrangère, non ressortissant de l'Union européenne (U.E.), de l'Espace économique européen (E.E.E.), de la Confédération Suisse, de Monaco ou d'Andorre.

Vous pouvez formuler **jusqu'à 10 vœux complémentaires pour des formations en apprentissage** (ils s'ajoutent aux 10 autres vœux possibles pour des formations hors apprentissage). Dans votre dossier, les vœux en apprentissage sont répertoriés dans une liste distincte.

Dans votre dossier candidat, un compteur indique clairement le nombre de vœux et de sous-vœux que vous avez formulé. Les sous-vœux illimités ne sont pas décomptés dans ce compteur.

Des types de formation aux vœux Parcoursup

Pour élaborer une première liste de vœux et sous-vœux Parcoursup, partez des métiers que vous visez et explorez les formations Parcoursup disponibles qui correspondent à vos besoins à l'aide du moteur de recherche suivant : https://dossier.parcoursup.fr/Candidat/carte.

N'hésitez pas à filtrer par zone géographique si c'est un critère pertinent pour vous.

Type de formation	Voeux	Sous-voeux	Commentaires

Type de formation	Voeux	Sous-voeux	Commentaires

Type de formation	Voeux	Sous-voeux	Commentaires

Type de formation	Voeux	Sous-voeux	Commentaires

Priorisation des vœux et élaboration de la liste finale

Une fois ce premier recensement réalisé, faites un premier tri : y a-t-il dans cette liste des formations que vous ne vous imaginez pas intégrer si une proposition d'admission vous était faite ? Si oui, grisez les lignes concernées, en veillant à ne pas griser des formations par seul manque d'ambition.

Ensuite, calculez le nombre de vœux et de sous-vœux finalement retenus, et vérifiez si vous pouvez formuler l'ensemble de ces vœux sur Parcoursup selon les règles présentées en pages 4 et 5. Si cela vous paraît difficile sur papier, n'hésitez pas à faire une première liste de vœux sur Parcoursup pour éviter toute erreur de dénombrement. Cette première liste ne vous engage à rien.

Si le nombre de vœux et de sous-vœux retenus dépasse ce qui peut être saisi sur Parcoursup, un second tri sera nécessaire, qui nécessitera une analyse plus approfondie des options disponibles. Une fois de plus, n'hésitez pas à vous appuyer sur les conseils de vos proches pour ces choix importants pour votre carrière professionnelle future.

Ça y est, il est temps de mettre au propre votre liste de vos vœux et sous-vœux. Pas d'inquiétude, si vous avez du temps devant vous, vous pourrez y revenir plus tard et continuer à l'affiner avant les échéances Parcoursup.

Type de formation	Voeux	Sous-voeux	Commentaires

Type de formation	Voeux	Sous-voeux	Commentaires

Type de formation	Voeux	Sous-voeux	Commentaires

Type de formation	Voeux	Sous-voeux	Commentaires

Saisie des vœux et sous-voeux

Prenez votre temps, aucun avantage n'est accordé à ceux qui font leurs vœux rapidement, ce qui importe, c'est de formuler vos vœux avant l'échéance, le 14 mars 2024 à 23h59 (heure de Paris) cette année. **N'attendez pas le dernier moment non plus, il est fortement déconseillé de formuler des vœux dans la précipitation.**

Vous ne pouvez plus formuler de vœux sur Parcoursup après le 14 mars 2024, 23h59 (heure de Paris), mais vous avez jusqu'au 3 avril 2024 (23h59, heure de Paris) pour compléter votre dossier et confirmer vos vœux.

Jour 1 : mon profil, ma scolarité, mes activités

Le premier jour, nous vous proposons de commencer par le plus simple : compléter ou vérifier les onglets « Mon profil », « Ma scolarité » et « Mes activités ». Les onglets « Mon profil » et « Ma scolarité » devraient vous prendre 20 minutes tout au plus. Consacrez l'essentiel de votre temps et de votre énergie à l'onglet « Mes activités ».

L'onglet « Mon profil »

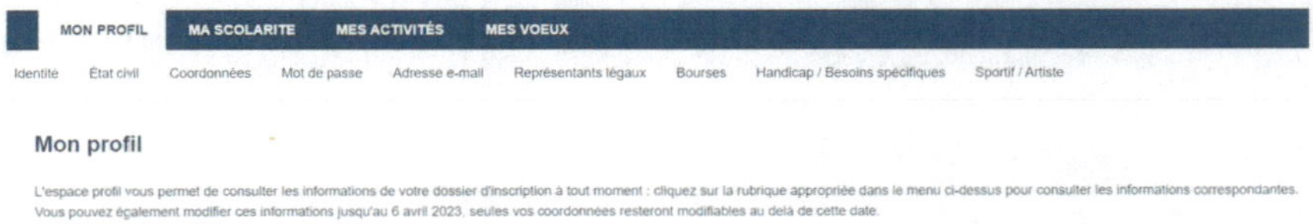

Il est probable que vous ayez déjà rempli au moins partiellement l'onglet « Mon profil ». Dans ce cas, contentez-vous de vérifier la validité des informations saisies. **Pensez bien à enregistrer à l'aide du bouton en bas de chaque page à chaque saisie ou modification de saisie.**

Les items « **Identité** », « **Etat civil** », « **Coordonnées** », « **Adresse e-mail** », et « **Représentants légaux** » sont très simples et rapides à remplir.

L'item « **Mot de passe** » n'est utile qu'en cas de changement de mot de passe.

L'item « **Bourses** » est essentiel car il conditionne certains financements, principalement étatiques, et l'accès à certains internats. Il est préférable de le faire remplir par ses parents, en prenant soin de disposer au préalable de l'avis d'impôt 2022 portant sur les revenus de l'année 2021.

L'onglet « **Handicap / besoins spécifiques** » est facultatif. Les informations de cette fiche de liaison ne sont pas transmises aux établissements auxquels vous candidatez, mais elles peuvent être utiles en cas de demande de réexamen de votre candidature. Donc nous vous conseillons de le remplir si vous êtes concernés (fiche très courte et simple à renseigner).

L'onglet « **Sportif / Artiste** » ne concerne qu'une très faible minorité de sportifs de haut niveau ou artistes confirmés. Les sportifs de haut niveau doivent disposer d'un numéro d'identification sur le portail de suivi quotidien des sportifs (PSQS). Concernant les artistes confirmés, vous devez appartenir à un orchestre, un groupe ou une troupe, donc avoir déjà un statut d'artiste semi-professionnel. Cet onglet ne concerne donc pas les sportifs et artistes amateurs.

L'onglet « Ma scolarité »

L'item « **Scolarité** » est en principe renseigné par votre établissement scolaire. Vérifiez uniquement qu'il n'y a pas d'erreur, et modifiez le cas échéant.

Concernant l'item « **Baccalauréat** », Les éléments présentés sont fournis par l'application Cyclades, système d'information du baccalauréat et ne sont pas modifiables directement. Si vous constatez des erreurs, il faut vous adresser à la scolarité de votre lycée et envoyer à un message sur la plateforme en utilisant la rubrique « Contact » dans le bandeau de l'application Parcoursup.

L'item « **Bulletins scolaires** » est renseigné par votre établissement scolaire. Il suffira donc de s'assurer qu'il est renseigné correctement et de signaler les éventuelles erreurs à votre lycée.

L’onglet « Mes activités »

L’onglet « Mes activités » est un onglet important car il vous permet de mettre en avant votre personnalité et vos qualités au-delà de votre dossier scolaire.

Pour renseigner efficacement cet onglet, créez vos textes avec un traitement de texte (fichier Word ou équivalent). Cela vous permettra de sécuriser votre saisie, mais aussi de vérifier l’orthographe (menu Révision, fonction « orthographe et grammaire ») ainsi que la longueur du texte (menu Révision, fonction « statistiques »).

Attention : la plateforme Parcoursup est très stricte en matière de longueur de texte : pas plus de 1 500 caractères, **espaces compris**. Vous ne pourrez pas coller un caractère de plus sur la plateforme.

Il n’est pas forcément grave que votre texte soit significativement plus court si vous manquez d’inspiration, mais essayez de ne rien oublier qui pourrait renforcer votre dossier.

Il est vraiment important de soigner la forme (orthographe et grammaire), qui compte tout autant que le fond dans l’appréciation de votre dossier. N’hésitez pas à faire relire ces textes à un parent, un ami, un voisin ou professeur de confiance pour éviter toute mauvaise surprise.

Vous ne devez pas mentionner vos noms et prénoms dans les textes saisis sur Parcoursup. En revanche, il vous est demandé d’être précis dans les éléments évoqués (par exemple, nom d’un club de sport, type de prix obtenu et année d’obtention…).

Evitez de mentionner un même élément pour deux textes différents, sauf s’il s’agit vraiment d’un élément majeur et si vous l’abordez sous deux angles très distincts. Pour vous faciliter la tâche et gagner du temps, aidez-vous des textes préformatés proposés ci-dessous pour chacun des quatre items.

Mes expériences d'encadrement ou d'animation

La plateforme Parcoursup précise :

› Mes expériences d'encadrement ou d'animation

Décrivez ici vos expériences d'encadrement ou d'animation (1500 caractères maximum). Vous pouvez par exemple les mentionner en valorisant vos compétences et vos qualités :

- J'encadre des enfants dans un centre de loisirs de l'école de mon quartier car j'ai obtenu ou je prépare le BAFA (brevet d'aptitude aux fonctions d'animateur).
- Je participe à l'animation d'un club sportif.
- J'aide des élèves à faire leurs devoirs dans le cadre d'une association ou dans mon lycée.
- Je participe à des activités de soutien aux élèves inscrits dans des cordées de la réussite.
- J'ai effectué un service civique au cours duquel, j'ai accompagné/encadré.

Pour gagner du temps, nous vous proposons d'utiliser une partie des textes à trous qui suivent, qui sont à adapter en fonction de vos propres expériences et intérêts, en veillant à de ne pas créer de doublons avec les textes qui suivent, qui seront consacrés à vos expériences professionnelles, à vos engagements citoyens et à votre ouverture au monde.

Dans le cadre de mes activités sportives, j'ai été amené(s) à encadrer de jeunes joueurs de .... (préciser la discipline, l'occasion et la période concernées).

Dans le cadre de mes activités artistiques, j'ai contribué à encadrer les plus jeunes, notamment... .... (par exemple, à l'occasion des spectacles musicaux de fin d'année, en veillant à préciser votre rôle).

Je suis un animateur (une animatrice) né(e) : j'adore organiser des après-midis de jeu pour mes frères/sœurs/cousins (ou animer les anniversaires, organiser des sorties...), et je prépare mon BAFA .... (préciser dans ce cas la structure qui vous accueille : le centre de loisirs maternel de votre ville, par exemple).

J'ai effectué un service civique (ou occupé un emploi étudiant/job d'été) au cours duquel j'ai encadré.. (préciser votre rôle et l'étendue de vos responsabilités).

Mon engagement citoyen

La plateforme Parcoursup indique :

› Mon engagement citoyen

Décrivez ici votre engagement citoyen, dans le cadre d'un service civique ou comme bénévole dans une association, dans votre établissement ou dans un autre cadre (1500 caractères maximum).
Vous pouvez expliquer vos motivations :

- Je suis engagé/engagée dans une association (sportive, culturelle, de lutte contre les exclusions, dans le domaine environnemental...).
- Je participe à un projet citoyen en dehors ou dans mon établissement (y compris les projets menés dans le cadre d'un dispositif d'excellence ou de cordée de la réussite).
- Je m'implique au sein du conseil de la vie lycéenne de mon établissement ou de mon académie, en tant que délégué ou éco-délégué de ma classe.
- J'ai suivi une formation aux premiers secours (précisez le niveau, les dates d'obtention...).
- Si je suis étudiant ou étudiante, je suis impliqué/impliquée dans des actions de soutien auprès des lycéens ou d'autres étudiants : service civique réalisé ou non dans le cadre d'une césure, ambassadeurs étudiants, mission de tutorat, etc.
- J'ai participé à une mission d'intérêt général dans le cadre du SNU.
- Je suis lauréat/lauréate de l'Institut de l'engagement après une période de service civique.

Mon engagement citoyen prend plusieurs formes.

Tout d'abord, j'ai été délégué(e) de classe en classe de ....
J'ai également été représentant(e) des élèves au conseil d'administration (ou conseil de la vie lycéenne, éco-délégué...) pendant l'année scolaire .... et ai notamment contribué à ....
Très sensible aux questions environnementales (ou à la cause animale, aux difficultés des personnes handicapées, etc.), j'y contribue au travers de mon engagement dans l'association..
(préciser la nature de votre engagement, avec des exemples concrets d'actions).

Enfin, j'ai suivi la formation certifiante aux premiers secours proposée par .... (organisme, par exemple la Croix Rouge) en .... (année).

L'égalité des chances me tient beaucoup à cœur. Je participe au soutien scolaire dans le cadre de l'association... tous les .... (ou je participe à un dispositif de tutorat dans le cadre de.. au profit de ....
....).

J'ai participé à une mission d'intérêt générale dans le cadre du SNU. J'ai notamment...
.....................(évoquer votre fonction et vos contributions marquantes).

Je suis lauréat(e) de l'Institut de l'engagement après une période de service civique.

Mon expérience professionnelle

La plateforme Parcoursup précise :

› Mon expérience professionnelle

Décrivez ici vos expériences professionnelles ou les stages que vous avez réalisés (1500 caractères maximum).
Vous pouvez préciser les stages que vous avez déjà effectués depuis la classe de 3e (ou encore des jobs d'été) et indiquer les démarches accomplies qui sont en lien avec votre projet professionnel.
Par exemple, vous pouvez mentionner :

- J'ai eu des jobs d'été ou des emplois étudiants, tels que...
- J'ai participé à des événements en lien avec mon orientation : forums sur les métiers, conférences, entretiens d'orientation avec le psychologue de l'Éducation nationale, journées portes ouvertes dans des établissements, rencontres avec des professionnels...

Si vous reprenez vos études ou si vous êtes en recherche d'une réorientation, vous pouvez détailler de manière concise votre parcours et vos expériences professionnelles.

J'ai effectué mon stage de Troisième dans ....
.... (secteur de l'entreprise, type de métier, lieu le cas échéant). J'ai beaucoup apprécié ce stage, qui m'a permis de comprendre...
....
....
......................(ce que vous avez appris concernant le métier, le secteur d'activité, votre orientation professionnelle...).

J'ai également occupé des jobs d'été (ou emplois étudiants), en particulier..
....
.... (préciser les fonctions occupées et les expériences les plus marquantes).

Pour affiner mon orientation professionnelle, j'ai participé à des forums et portes ouvertes, en particulier...

(un ou deux exemples marquants, précis et datés). J'ai également eu la chance de rencontrer des professionnels, notamment ....
....

Ouverture au monde

La plateforme Parcoursup indique :

> **› Ouverture au monde (pratiques sportives et culturelles, parcours spécifiques)**
>
> Décrivez ici vos pratiques sportives et culturelles et/ou les parcours spécifiques que vous avez suivis (par exemple : cordées de la réussite, parcours d'excellence). Il peut également s'agir d'une pratique sportive avec l'UNSS, d'une langue étrangère non étudiée au lycée, de séjours à l'étranger ou d'un intérêt particulier pour une culture étrangère (1500 caractères maximum).
>
> **Toute activité ou pratique liée à vos centres d'intérêt peut être valorisée.** N'hésitez pas à préciser le nombre d'années de pratique, la fréquence et éventuellement si vous avez participé à un concours.
> Par exemple, vous pouvez mentionner :
> - Je pratique/j'ai pratiqué la musique dans le lycée, dans un conservatoire, une école.
> - Je pratique le sport... avec l'association sportive du lycée (UNSS) ou dans le club... (je peux préciser si je participe aussi à des compétitions voire si j'ai un statut de sportif de haut niveau).
> - Je participe à des projets culturels, linguistiques, à des colloques, à des séjours thématiques (ou toute autre activité ayant contribué à votre ouverture sur le monde).
> - J'ai intégré un dispositif d'ouverture sociale (cordées de la réussite, parcours d'excellence).

Le sport est l'une de mes grandes passions. J'ai pratiqué .... (sports) en équipe / individuel avec mon club de .... de .... à .... (années), au rythme de ..... heures d'entraînement par semaine. Mon équipe s'est qualifiée pour .... (compétition) en .... (année) et je suis moi-même devenu champion de .... en .... (année). Depuis .... (année), je participe à des compétitions départements / régionales / nationales de .... avec mon club de ....

Je pratique le .... (instrument de musique, en mentionnant éventuellement le style de musique, par exemple le piano jazz) depuis (année). Je fais partie de l'orchestre/groupe de musique de chambre/fanfare de .... (ville, association) depuis................. (année).

J'ai pris des cours de .... (théâtre / comédie musicale / danse...) au sein de l'association .... de .... à .... (années). J'apprécie notamment .... (par exemple, les claquettes pour un passionné de danse). J'ai participé à des spectacles/concours (préciser les plus marquants et les résultats obtenus dans le cas des concours).

J'aime beaucoup participer à des projets collectifs : j'ai particulièrement apprécié contribuer au projet de .... (par exemple, la comédie musicale de mon lycée ; vous pouvez mentionner des projets culturels, linguistiques, colloques...).

Enfin, je suis très intéressé(e) par l'international, en particulier par .... (zone géographique). J'ai travaillé le .... (langue étrangère) en dehors du lycée. J'ai également pu réaliser un séjour linguistique .... (date, pays, type d'hébergement...). J'ai également eu l'occasion d'effectuer des séjours à l'étranger avec ma famille, notamment... (préciser les pays marquants).

J'ai eu la chance d'intégrer un dispositif d'ouverture sociale, ... (préciser le dispositif : cordées de la réussite, parcours d'excellence). J'ai été particulièrement intéressé(s) par .... (mentionner les expériences les plus marquantes).

Jours 2 et 3 : travail préparatoire pour les lettres de motivation

Les deux jours suivants sont consacrés à la préparation des informations nécessaires pour réaliser des lettres pleinement personnalisées, qui répondent entièrement à ce qui est attendu par les établissements demandés. Cette étape peut paraître fastidieuse, mais elle est indispensable pour réaliser une lettre de motivation de grande qualité.

Si vous manquez de temps, concentrez le travail préparatoire sur les vœux et sous-vœux qui vous tiennent le plus à cœur. Pour réaliser ce travail préparatoire de façon efficace, je vous propose de vous appuyer sur les fiches des pages qui suivent. Il s'agit de réaliser une fiche par vœu (ou sous-vœu selon le cas). Trois principales sources d'information vous aideront pour réaliser ce travail préparatoire sans perdre de temps :

- **Le site Parcoursup** : vous y trouverez beaucoup d'informations intéressantes notamment concernant les attentes de l'établissement. Consultez la « Fiche formation » associée à chacun de vos vœux, en particulier les onglets « Découvrir la formation et ses caractéristiques », « Comprendre les critères d'analyse des candidatures » et « Connaître les débouchés professionnels ».

- **Le site web de l'établissement :** regarder en particulier la page dédiée le cas échéant à la formation demandée.
- **Les plaquettes collectées le cas échéant lors des forums ou portes ouvertes.**

Préparation de lettre de motivation - Fiche n°...

1. Nom de l'établissement (onglet « Mes vœux » de Parcoursup) : ....

2. Nom de la formation (onglet « Mes vœux » de Parcoursup) :

....

3. Ce qui vous plait spécifiquement dans cet établissement (cochez ce qui est pertinent et complétez les points associés) :

- ☐ Proximité géographique : .... km de votre domicile
- ☐ Locaux (modernes, historiques, récemment rénovés...) :

  ....
- ☐ Réputation, classements : ....

  ....
- ☐ Méthodes pédagogiques : ....

  ....
- ☐ Valeurs / ambiance de travail : ....

  ....
- ☐ Relations avec les entreprises :..

  ....
- ☐ Ouverture internationale :..

  ....
- ☐ Possibilités de poursuite ses études dans l'établissement après cette formation : ....

  ....
- ☐ Autre :..

  ....

  ....

4. **Ce qui vous plait spécifiquement dans la formation** :

- ☐ Cf fiche n°....
- ☐ Durée (pourquoi ?) : ....
- ☐ Débouchés professionnels :..

  ....
- ☐ Méthodes pédagogiques :...

  ....
- ☐ Disciplines enseignées : ....

  ....
- ☐ Rythme de travail : ....

  ....
- ☐ Ouverture internationale : ....

  ....
- ☐ Réputation, classements : ....

  ....

  ....
- ☐ Autres : ....

5. Ce que vous avez fait pour connaître l'établissement / la formation :

- ☐ Portes ouvertes / forum (préciser la date, éventuellement le nom des personnes rencontrées, les informations collectées)

  ....

  ....
- ☐ Anciens élèves rencontrés (noms, informations collectées)

  ....
- ☐ Site web consulté (informations spécifiques retenues)

  ....

☐ Vidéos visionnées (préciser les informations retenues)

……………………………………………………………………………………………………

……………………………………………………………………………………………………

6. Les attentes de l'établissement et l'adéquation avec votre profil :

Les principales attentes (être aussi précis que possible)	**Adéquation avec votre profil (expliquer pourquoi et donner des exemples)**
☐ Capacité de travail : …………………… ……………………………………………	…………………………………………… ……………………………………………
☐ Bon niveau en : ………………………… …………………………………………… ……………………………………………	…………………………………………… …………………………………………… ……………………………………………
☐ Maîtrise des langues : ………………… ……………………………………………	…………………………………………… ……………………………………………
☐ Intérêt pour : ……………………………… …………………………………………… ……………………………………………	…………………………………………… …………………………………………… ……………………………………………
☐ Qualités spécifiques : ………………… …………………………………………… ……………………………………………	…………………………………………… …………………………………………… ……………………………………………
☐ Autres : ……………………………………… …………………………………………… …………………………………………… …………………………………………… …………………………………………… ……………………………………………	…………………………………………… …………………………………………… …………………………………………… …………………………………………… …………………………………………… ……………………………………………

Préparation de lettre de motivation - Fiche n°...

1. Nom de l'établissement (onglet « Mes vœux » de Parcoursup) : ....

2. Nom de la formation (onglet « Mes vœux » de Parcoursup) :

....

3. Ce qui vous plait spécifiquement dans cet établissement (cochez ce qui est pertinent et complétez les points associés) :

- ☐ Proximité géographique : .... km de votre domicile
- ☐ Locaux (modernes, historiques, récemment rénovés...) :

  ....

- ☐ Réputation, classements : ....

  ....

- ☐ Méthodes pédagogiques : ....

  ....

- ☐ Valeurs / ambiance de travail : ....

  ....

- ☐ Relations avec les entreprises :..

  ....

- ☐ Ouverture internationale :...

  ....

- ☐ Possibilités de poursuite ses études dans l'établissement après cette formation : ....

  ....

- ☐ Autre :...

  ....

  ....

4. **Ce qui vous plait spécifiquement dans la formation** :

- ☐ Cf fiche n°....
- ☐ Durée (pourquoi ?) : ....
- ☐ Débouchés professionnels :..

  ....
- ☐ Méthodes pédagogiques :...

  ....
- ☐ Disciplines enseignées : ....

  ....
- ☐ Rythme de travail : ....

  ....
- ☐ Ouverture internationale : ....

  ....
- ☐ Réputation, classements : ....

  ....

  ....
- ☐ Autres : ....

5. Ce que vous avez fait pour connaître l'établissement / la formation :

- ☐ Portes ouvertes / forum (préciser la date, éventuellement le nom des personnes rencontrées, les informations collectées)

  ....

  ....
- ☐ Anciens élèves rencontrés (noms, informations collectées)

  ....
- ☐ Site web consulté (informations spécifiques retenues)

  ....

☐ Vidéos visionnées (préciser les informations retenues)

....

....

6. Les attentes de l'établissement et l'adéquation avec votre profil :

Les principales attentes (être aussi précis que possible)	**Adéquation avec votre profil (expliquer pourquoi et donner des exemples)**
☐ Capacité de travail :	....
☐ Bon niveau en :	....
☐ Maîtrise des langues :	....
☐ Intérêt pour :	....
☐ Qualités spécifiques :	....
☐ Autres :	....

Préparation de lettre de motivation - Fiche n°…

1. Nom de l'établissement (onglet « Mes vœux » de Parcoursup) : ……………………………………………………………………………………………

2. Nom de la formation (onglet « Mes vœux » de Parcoursup) :

……………………………………………………………………………………………

3. Ce qui vous plait spécifiquement dans cet établissement (cochez ce qui est pertinent et complétez les points associés) :

- ☐ Proximité géographique : …. km de votre domicile
- ☐ Locaux (modernes, historiques, récemment rénovés…) :
  ……………………………………………………………………………
- ☐ Réputation, classements : ……………………………………………
  ……………………………………………………………………………
- ☐ Méthodes pédagogiques : ……………………………………………
  ……………………………………………………………………………
- ☐ Valeurs / ambiance de travail : ……………………………………
  ……………………………………………………………………………
- ☐ Relations avec les entreprises :…………………………………
  ……………………………………………………………………………
- ☐ Ouverture internationale :…………………………………………
  ……………………………………………………………………………
- ☐ Possibilités de poursuite ses études dans l'établissement après cette formation : ………………………………………………………
  ……………………………………………………………………………
- ☐ Autre :…………………………………………………………………
  ……………………………………………………………………………
  ……………………………………………………………………………

4. **Ce qui vous plait spécifiquement dans la formation** :

- ☐ Cf fiche n°....
- ☐ Durée (pourquoi ?) : ....
- ☐ Débouchés professionnels :...

  ....

- ☐ Méthodes pédagogiques :...

  ....

- ☐ Disciplines enseignées : ....

  ....

- ☐ Rythme de travail : ....

  ....

- ☐ Ouverture internationale : ....

  ....

- ☐ Réputation, classements : ....

  ....

  ....

- ☐ Autres : ....

5. Ce que vous avez fait pour connaître l'établissement / la formation :

- ☐ Portes ouvertes / forum (préciser la date, éventuellement le nom des personnes rencontrées, les informations collectées)

  ....

  ....

- ☐ Anciens élèves rencontrés (noms, informations collectées)

  ....

- ☐ Site web consulté (informations spécifiques retenues)

  ....

☐ Vidéos visionnées (préciser les informations retenues)

....

....

6. Les attentes de l'établissement et l'adéquation avec votre profil :

Les principales attentes (être aussi précis que possible)	**Adéquation avec votre profil (expliquer pourquoi et donner des exemples)**
☐ Capacité de travail :	....
☐ Bon niveau en :	....
☐ Maîtrise des langues :	....
☐ Intérêt pour :	....
☐ Qualités spécifiques :	....
☐ Autres :	....

Préparation de lettre de motivation - Fiche n°...

1. Nom de l'établissement (onglet « Mes vœux » de Parcoursup) : ....

2. Nom de la formation (onglet « Mes vœux » de Parcoursup) :

....

3. Ce qui vous plait spécifiquement dans cet établissement (cochez ce qui est pertinent et complétez les points associés) :

- ☐ Proximité géographique : .... km de votre domicile
- ☐ Locaux (modernes, historiques, récemment rénovés...) :

  ....

- ☐ Réputation, classements : ....

  ....

- ☐ Méthodes pédagogiques : ....

  ....

- ☐ Valeurs / ambiance de travail : ....

  ....

- ☐ Relations avec les entreprises :..

  ....

- ☐ Ouverture internationale :...

  ....

- ☐ Possibilités de poursuite ses études dans l'établissement après cette formation : ....

  ....

- ☐ Autre :...

  ....

  ....

4. **Ce qui vous plait spécifiquement dans la formation** :

- ☐ Cf fiche n°....
- ☐ Durée (pourquoi ?) : ....
- ☐ Débouchés professionnels :..

  ....
- ☐ Méthodes pédagogiques :...

  ....
- ☐ Disciplines enseignées : ....

  ....
- ☐ Rythme de travail : ....

  ....
- ☐ Ouverture internationale : ....

  ....
- ☐ Réputation, classements : ....

  ....

  ....
- ☐ Autres : ....

5. Ce que vous avez fait pour connaître l'établissement / la formation :

- ☐ Portes ouvertes / forum (préciser la date, éventuellement le nom des personnes rencontrées, les informations collectées)

  ....

  ....
- ☐ Anciens élèves rencontrés (noms, informations collectées)

  ....
- ☐ Site web consulté (informations spécifiques retenues)

  ....

☐ Vidéos visionnées (préciser les informations retenues)

....

....

6. Les attentes de l'établissement et l'adéquation avec votre profil :

Les principales attentes (être aussi précis que possible)	**Adéquation avec votre profil (expliquer pourquoi et donner des exemples)**
☐ Capacité de travail :	....
☐ Bon niveau en :	....
☐ Maîtrise des langues :	....
☐ Intérêt pour :	....
☐ Qualités spécifiques :	....
☐ Autres :	....

Préparation de lettre de motivation - Fiche n°...

1. Nom de l'établissement (onglet « Mes vœux » de Parcoursup) : ....

2. Nom de la formation (onglet « Mes vœux » de Parcoursup) :

....

3. Ce qui vous plait spécifiquement dans cet établissement (cochez ce qui est pertinent et complétez les points associés) :

- ☐ Proximité géographique : .... km de votre domicile
- ☐ Locaux (modernes, historiques, récemment rénovés...) :

  ....

- ☐ Réputation, classements : ....

  ....

- ☐ Méthodes pédagogiques : ....

  ....

- ☐ Valeurs / ambiance de travail : ....

  ....

- ☐ Relations avec les entreprises :..

  ....

- ☐ Ouverture internationale :...

  ....

- ☐ Possibilités de poursuite ses études dans l'établissement après cette formation : ....

  ....

- ☐ Autre :...

  ....

  ....

4. **Ce qui vous plait spécifiquement dans la formation** :

- ☐ Cf fiche n°....
- ☐ Durée (pourquoi ?) : ....
- ☐ Débouchés professionnels :...

  ....
- ☐ Méthodes pédagogiques :...

  ....
- ☐ Disciplines enseignées : ....

  ....
- ☐ Rythme de travail : ....

  ....
- ☐ Ouverture internationale : ....

  ....
- ☐ Réputation, classements : ....

  ....

  ....
- ☐ Autres : ....

5. Ce que vous avez fait pour connaître l'établissement / la formation :

- ☐ Portes ouvertes / forum (préciser la date, éventuellement le nom des personnes rencontrées, les informations collectées)

  ....

  ....
- ☐ Anciens élèves rencontrés (noms, informations collectées)

  ....
- ☐ Site web consulté (informations spécifiques retenues)

  ....

☐ Vidéos visionnées (préciser les informations retenues)

....

....

6. Les attentes de l'établissement et l'adéquation avec votre profil :

Les principales attentes (être aussi précis que possible)	**Adéquation avec votre profil (expliquer pourquoi et donner des exemples)**
☐ Capacité de travail :	....
☐ Bon niveau en :	....
☐ Maîtrise des langues :	....
☐ Intérêt pour :	....
☐ Qualités spécifiques :	....
☐ Autres :	....

Préparation de lettre de motivation - Fiche n°…

1. Nom de l'établissement (onglet « Mes vœux » de Parcoursup) : ……………………………………………………………………………………………

2. Nom de la formation (onglet « Mes vœux » de Parcoursup) :

……………………………………………………………………………………………

3. Ce qui vous plait spécifiquement dans cet établissement (cochez ce qui est pertinent et complétez les points associés) :

- ☐ Proximité géographique : …. km de votre domicile
- ☐ Locaux (modernes, historiques, récemment rénovés…) :

  ……………………………………………………………………………………

- ☐ Réputation, classements : ……………………………………………

  ……………………………………………………………………………………

- ☐ Méthodes pédagogiques : ……………………………………………

  ……………………………………………………………………………………

- ☐ Valeurs / ambiance de travail : ………………………………………

  ……………………………………………………………………………………

- ☐ Relations avec les entreprises :………………………………………

  ……………………………………………………………………………………

- ☐ Ouverture internationale :……………………………………………

  ……………………………………………………………………………………

- ☐ Possibilités de poursuite ses études dans l'établissement après cette formation : ……………………………………………………………

  ……………………………………………………………………………………

- ☐ Autre :…………………………………………………………………………

  ……………………………………………………………………………………

  ……………………………………………………………………………………

4. **Ce qui vous plait spécifiquement dans la formation** :

- ☐ Cf fiche n°....
- ☐ Durée (pourquoi ?) : ....
- ☐ Débouchés professionnels :...

  ....
- ☐ Méthodes pédagogiques :..

  ....
- ☐ Disciplines enseignées : ....

  ....
- ☐ Rythme de travail : ....

  ....
- ☐ Ouverture internationale : ....

  ....
- ☐ Réputation, classements : ....

  ....

  ....
- ☐ Autres : ....

5. Ce que vous avez fait pour connaître l'établissement / la formation :

- ☐ Portes ouvertes / forum (préciser la date, éventuellement le nom des personnes rencontrées, les informations collectées)

  ....

  ....
- ☐ Anciens élèves rencontrés (noms, informations collectées)

  ....
- ☐ Site web consulté (informations spécifiques retenues)

  ....

☐ Vidéos visionnées (préciser les informations retenues)

....

....

6. Les attentes de l'établissement et l'adéquation avec votre profil :

Les principales attentes (être aussi précis que possible)	Adéquation avec votre profil (expliquer pourquoi et donner des exemples)
☐ Capacité de travail :	....
☐ Bon niveau en :	....
☐ Maîtrise des langues :	....
☐ Intérêt pour :	....
☐ Qualités spécifiques :	....
☐ Autres :	....

Préparation de lettre de motivation - Fiche n°...

1. **Nom de l'établissement** (onglet « Mes vœux » de Parcoursup) : ....

2. **Nom de la formation** (onglet « Mes vœux » de Parcoursup) :

....

3. **Ce qui vous plait spécifiquement dans cet établissement** (cochez ce qui est pertinent et complétez les points associés) :

- ☐ Proximité géographique : .... km de votre domicile
- ☐ Locaux (modernes, historiques, récemment rénovés...) :

  ....
- ☐ Réputation, classements : ....

  ....
- ☐ Méthodes pédagogiques : ....

  ....
- ☐ Valeurs / ambiance de travail : ....

  ....
- ☐ Relations avec les entreprises :..

  ....
- ☐ Ouverture internationale :..

  ....
- ☐ Possibilités de poursuite ses études dans l'établissement après cette formation : ....

  ....
- ☐ Autre :..

  ....

  ....

4. **Ce qui vous plait spécifiquement dans la formation** :

- ☐ Cf fiche n°….
- ☐ Durée (pourquoi ?) : ………………………………………………………………
- ☐ Débouchés professionnels :……………………………………………………

  ……………………………………………………………………………………………
- ☐ Méthodes pédagogiques :…………………………………………………………

  ……………………………………………………………………………………………
- ☐ Disciplines enseignées : ……………………………………………………………

  ……………………………………………………………………………………………
- ☐ Rythme de travail : …………………………………………………………………

  ……………………………………………………………………………………………
- ☐ Ouverture internationale : ……………………………………………………………

  ……………………………………………………………………………………………
- ☐ Réputation, classements : ……………………………………………………………

  ……………………………………………………………………………………………

  ……………………………………………………………………………………………
- ☐ Autres : ……………………………………………………………………………………

5. Ce que vous avez fait pour connaître l'établissement / la formation :

- ☐ Portes ouvertes / forum (préciser la date, éventuellement le nom des personnes rencontrées, les informations collectées)

  ……………………………………………………………………………………………

  ……………………………………………………………………………………………
- ☐ Anciens élèves rencontrés (noms, informations collectées)

  ……………………………………………………………………………………………
- ☐ Site web consulté (informations spécifiques retenues)

  ……………………………………………………………………………………………

☐ Vidéos visionnées (préciser les informations retenues)

....

....

6. Les attentes de l'établissement et l'adéquation avec votre profil :

Les principales attentes (être aussi précis que possible)	**Adéquation avec votre profil (expliquer pourquoi et donner des exemples)**
☐ Capacité de travail :	....
☐ Bon niveau en :	....
☐ Maîtrise des langues :	....
☐ Intérêt pour :	....
☐ Qualités spécifiques :	....
☐ Autres :	....

Préparation de lettre de motivation - Fiche n°...

1. Nom de l'établissement (onglet « Mes vœux » de Parcoursup) :
....

2. Nom de la formation (onglet « Mes vœux » de Parcoursup) :

....

3. Ce qui vous plait spécifiquement dans cet établissement (cochez ce qui est pertinent et complétez les points associés) :

- ☐ Proximité géographique : .... km de votre domicile
- ☐ Locaux (modernes, historiques, récemment rénovés...) :

  ....

- ☐ Réputation, classements : ....

  ....

- ☐ Méthodes pédagogiques : ....

  ....

- ☐ Valeurs / ambiance de travail : ....

  ....

- ☐ Relations avec les entreprises :...

  ....

- ☐ Ouverture internationale :..

  ....

- ☐ Possibilités de poursuite ses études dans l'établissement après cette formation : ....

  ....

- ☐ Autre :..

  ....

  ....

4. **Ce qui vous plait spécifiquement dans la formation** :

- ☐ Cf fiche n°....
- ☐ Durée (pourquoi ?) : ....
- ☐ Débouchés professionnels :..

  ....
- ☐ Méthodes pédagogiques :..

  ....
- ☐ Disciplines enseignées : ....

  ....
- ☐ Rythme de travail : ....

  ....
- ☐ Ouverture internationale : ....

  ....
- ☐ Réputation, classements : ....

  ....

  ....
- ☐ Autres : ....

5. Ce que vous avez fait pour connaître l'établissement / la formation :

- ☐ Portes ouvertes / forum (préciser la date, éventuellement le nom des personnes rencontrées, les informations collectées)

  ....

  ....
- ☐ Anciens élèves rencontrés (noms, informations collectées)

  ....
- ☐ Site web consulté (informations spécifiques retenues)

  ....

☐ Vidéos visionnées (préciser les informations retenues)

....

....

6. Les attentes de l'établissement et l'adéquation avec votre profil :

Les principales attentes (être aussi précis que possible)	**Adéquation avec votre profil (expliquer pourquoi et donner des exemples)**
☐ Capacité de travail :	....
☐ Bon niveau en :	....
☐ Maîtrise des langues :	....
☐ Intérêt pour :	....
☐ Qualités spécifiques :	....
☐ Autres :	....

Préparation de lettre de motivation - Fiche n°…

1. Nom de l'établissement (onglet « Mes vœux » de Parcoursup) : ……

2. Nom de la formation (onglet « Mes vœux » de Parcoursup) :

……

3. Ce qui vous plait spécifiquement dans cet établissement (cochez ce qui est pertinent et complétez les points associés) :

- ☐ Proximité géographique : …. km de votre domicile
- ☐ Locaux (modernes, historiques, récemment rénovés…) :

  ……………………………………………………………………………………………

- ☐ Réputation, classements : ……………………………………………………

  ……………………………………………………………………………………………

- ☐ Méthodes pédagogiques : ……………………………………………………

  ……………………………………………………………………………………………

- ☐ Valeurs / ambiance de travail : ……………………………………………

  ……………………………………………………………………………………………

- ☐ Relations avec les entreprises :…………………………………………

  ……………………………………………………………………………………………

- ☐ Ouverture internationale :……………………………………………………

  ……………………………………………………………………………………………

- ☐ Possibilités de poursuite ses études dans l'établissement après cette formation : ………………………………………………………………

  ……………………………………………………………………………………………

- ☐ Autre :…………………………………………………………………………………

  ……………………………………………………………………………………………

  ……………………………………………………………………………………………

4. **Ce qui vous plait spécifiquement dans la formation** :

- ☐ Cf fiche n°....
- ☐ Durée (pourquoi ?) : ....
- ☐ Débouchés professionnels :..

  ....
- ☐ Méthodes pédagogiques :..

  ....
- ☐ Disciplines enseignées : ....

  ....
- ☐ Rythme de travail : ....

  ....
- ☐ Ouverture internationale : ....

  ....
- ☐ Réputation, classements : ....

  ....

  ....
- ☐ Autres : ....

5. Ce que vous avez fait pour connaître l'établissement / la formation :

- ☐ Portes ouvertes / forum (préciser la date, éventuellement le nom des personnes rencontrées, les informations collectées)

  ....

  ....
- ☐ Anciens élèves rencontrés (noms, informations collectées)

  ....
- ☐ Site web consulté (informations spécifiques retenues)

  ....

☐ Vidéos visionnées (préciser les informations retenues)

....

....

6. Les attentes de l'établissement et l'adéquation avec votre profil :

Les principales attentes (être aussi précis que possible)	**Adéquation avec votre profil (expliquer pourquoi et donner des exemples)**
☐ Capacité de travail :	....
☐ Bon niveau en :	....
☐ Maîtrise des langues :	....
☐ Intérêt pour :	....
☐ Qualités spécifiques :	....
☐ Autres :	....

Préparation de lettre de motivation - Fiche n°...

1. Nom de l'établissement (onglet « Mes vœux » de Parcoursup) : ....

2. Nom de la formation (onglet « Mes vœux » de Parcoursup) :

....

3. Ce qui vous plait spécifiquement dans cet établissement (cochez ce qui est pertinent et complétez les points associés) :

- ☐ Proximité géographique : .... km de votre domicile
- ☐ Locaux (modernes, historiques, récemment rénovés...) :

  ....
- ☐ Réputation, classements : ....

  ....
- ☐ Méthodes pédagogiques : ....

  ....
- ☐ Valeurs / ambiance de travail : ....

  ....
- ☐ Relations avec les entreprises :..

  ....
- ☐ Ouverture internationale :...

  ....
- ☐ Possibilités de poursuite ses études dans l'établissement après cette formation : ....

  ....
- ☐ Autre :...

  ....

  ....

4. **Ce qui vous plait spécifiquement dans la formation** :

- ☐ Cf fiche n°….
- ☐ Durée (pourquoi ?) : ……………………………………………………………
- ☐ Débouchés professionnels :……………………………………………………

  ……………………………………………………………………………………………
- ☐ Méthodes pédagogiques :…………………………………………………

  ……………………………………………………………………………………………
- ☐ Disciplines enseignées : …………………………………………………

  ……………………………………………………………………………………………
- ☐ Rythme de travail : ……………………………………………………………

  ……………………………………………………………………………………………
- ☐ Ouverture internationale : ………………………………………………

  ……………………………………………………………………………………………
- ☐ Réputation, classements : …………………………………………………

  ……………………………………………………………………………………………

  ……………………………………………………………………………………………
- ☐ Autres : ……………………………………………………………………………

5. Ce que vous avez fait pour connaître l'établissement / la formation :

- ☐ Portes ouvertes / forum (préciser la date, éventuellement le nom des personnes rencontrées, les informations collectées)

  ……………………………………………………………………………………………

  ……………………………………………………………………………………………
- ☐ Anciens élèves rencontrés (noms, informations collectées)

  ……………………………………………………………………………………………
- ☐ Site web consulté (informations spécifiques retenues)

  ……………………………………………………………………………………………

☐ Vidéos visionnées (préciser les informations retenues)

....

....

6. Les attentes de l'établissement et l'adéquation avec votre profil :

Les principales attentes (être aussi précis que possible)	**Adéquation avec votre profil (expliquer pourquoi et donner des exemples)**
☐ Capacité de travail :	....
☐ Bon niveau en :	....
☐ Maîtrise des langues :	....
☐ Intérêt pour :	....
☐ Qualités spécifiques :	....
☐ Autres :	....

Préparation de lettre de motivation - Fiche n°...

1. Nom de l'établissement (onglet « Mes vœux » de Parcoursup) : ....

2. Nom de la formation (onglet « Mes vœux » de Parcoursup) :

....

3. Ce qui vous plait spécifiquement dans cet établissement (cochez ce qui est pertinent et complétez les points associés) :

- ☐ Proximité géographique : .... km de votre domicile
- ☐ Locaux (modernes, historiques, récemment rénovés...) :

  ....
- ☐ Réputation, classements : ....

  ....
- ☐ Méthodes pédagogiques : ....

  ....
- ☐ Valeurs / ambiance de travail : ....

  ....
- ☐ Relations avec les entreprises :..

  ....
- ☐ Ouverture internationale :...

  ....
- ☐ Possibilités de poursuite ses études dans l'établissement après cette formation : ....

  ....
- ☐ Autre :..

  ....

  ....

4. **Ce qui vous plait spécifiquement dans la formation** :

- ☐ Cf fiche n°....
- ☐ Durée (pourquoi ?) : ....
- ☐ Débouchés professionnels :...

  ....
- ☐ Méthodes pédagogiques :...

  ....
- ☐ Disciplines enseignées : ....

  ....
- ☐ Rythme de travail : ....

  ....
- ☐ Ouverture internationale : ....

  ....
- ☐ Réputation, classements : ....

  ....

  ....
- ☐ Autres : ....

5. Ce que vous avez fait pour connaître l'établissement / la formation :

- ☐ Portes ouvertes / forum (préciser la date, éventuellement le nom des personnes rencontrées, les informations collectées)

  ....

  ....
- ☐ Anciens élèves rencontrés (noms, informations collectées)

  ....
- ☐ Site web consulté (informations spécifiques retenues)

  ....

☐ Vidéos visionnées (préciser les informations retenues)

....

....

6. Les attentes de l'établissement et l'adéquation avec votre profil :

Les principales attentes (être aussi précis que possible)	Adéquation avec votre profil (expliquer pourquoi et donner des exemples)
☐ Capacité de travail :	....
☐ Bon niveau en :	....
☐ Maîtrise des langues :	....
☐ Intérêt pour :	....
☐ Qualités spécifiques :	....
☐ Autres :	....

Préparation de lettre de motivation - Fiche n°...

1. Nom de l'établissement (onglet « Mes vœux » de Parcoursup) : ....

2. Nom de la formation (onglet « Mes vœux » de Parcoursup) :

....

3. Ce qui vous plait spécifiquement dans cet établissement (cochez ce qui est pertinent et complétez les points associés) :

- ☐ Proximité géographique : .... km de votre domicile
- ☐ Locaux (modernes, historiques, récemment rénovés...) :

  ....

- ☐ Réputation, classements : ....

  ....

- ☐ Méthodes pédagogiques : ....

  ....

- ☐ Valeurs / ambiance de travail : ....

  ....

- ☐ Relations avec les entreprises :...

  ....

- ☐ Ouverture internationale :..

  ....

- ☐ Possibilités de poursuite ses études dans l'établissement après cette formation : ....

  ....

- ☐ Autre :..

  ....

  ....

4. **Ce qui vous plait spécifiquement dans la formation** :

- ☐ Cf fiche n°....
- ☐ Durée (pourquoi ?) : ....
- ☐ Débouchés professionnels :..

  ....
- ☐ Méthodes pédagogiques :..

  ....
- ☐ Disciplines enseignées : ....

  ....
- ☐ Rythme de travail : ....

  ....
- ☐ Ouverture internationale : ....

  ....
- ☐ Réputation, classements : ....

  ....

  ....
- ☐ Autres : ....

5. Ce que vous avez fait pour connaître l'établissement / la formation :

- ☐ Portes ouvertes / forum (préciser la date, éventuellement le nom des personnes rencontrées, les informations collectées)

  ....

  ....
- ☐ Anciens élèves rencontrés (noms, informations collectées)

  ....
- ☐ Site web consulté (informations spécifiques retenues)

  ....

☐ Vidéos visionnées (préciser les informations retenues)

……………………………………………………………………………………………

……………………………………………………………………………………………

6. Les attentes de l'établissement et l'adéquation avec votre profil :

Les principales attentes (être aussi précis que possible)	**Adéquation avec votre profil (expliquer pourquoi et donner des exemples)**
☐ Capacité de travail : …………………… ……………………………………………	…………………………………………… ……………………………………………
☐ Bon niveau en : ………………………… …………………………………………… ……………………………………………	…………………………………………… …………………………………………… ……………………………………………
☐ Maîtrise des langues : ………………… ……………………………………………	…………………………………………… ……………………………………………
☐ Intérêt pour : …………………………… …………………………………………… ……………………………………………	…………………………………………… …………………………………………… ……………………………………………
☐ Qualités spécifiques : ………………… …………………………………………… ……………………………………………	…………………………………………… …………………………………………… ……………………………………………
☐ Autres : ………………………………… …………………………………………… …………………………………………… …………………………………………… …………………………………………… ……………………………………………	…………………………………………… …………………………………………… …………………………………………… …………………………………………… …………………………………………… ……………………………………………

Préparation de lettre de motivation - Fiche n°...

1. Nom de l'établissement (onglet « Mes vœux » de Parcoursup) :
....

2. Nom de la formation (onglet « Mes vœux » de Parcoursup) :

....

3. Ce qui vous plait spécifiquement dans cet établissement (cochez ce qui est pertinent et complétez les points associés) :

- ☐ Proximité géographique : .... km de votre domicile
- ☐ Locaux (modernes, historiques, récemment rénovés...) :

  ....

- ☐ Réputation, classements : ....

  ....

- ☐ Méthodes pédagogiques : ....

  ....

- ☐ Valeurs / ambiance de travail : ....

  ....

- ☐ Relations avec les entreprises :..

  ....

- ☐ Ouverture internationale :...

  ....

- ☐ Possibilités de poursuite ses études dans l'établissement après cette formation : ....

  ....

- ☐ Autre :...

  ....

  ....

4. **Ce qui vous plait spécifiquement dans la formation** :

- ☐ Cf fiche n°....
- ☐ Durée (pourquoi ?) : ....
- ☐ Débouchés professionnels :..

  ....
- ☐ Méthodes pédagogiques :...

  ....
- ☐ Disciplines enseignées : ....

  ....
- ☐ Rythme de travail : ....

  ....
- ☐ Ouverture internationale : ....

  ....
- ☐ Réputation, classements : ....

  ....

  ....
- ☐ Autres : ....

5. Ce que vous avez fait pour connaître l'établissement / la formation :

- ☐ Portes ouvertes / forum (préciser la date, éventuellement le nom des personnes rencontrées, les informations collectées)

  ....

  ....
- ☐ Anciens élèves rencontrés (noms, informations collectées)

  ....
- ☐ Site web consulté (informations spécifiques retenues)

  ....

☐ Vidéos visionnées (préciser les informations retenues)

....

....

6. Les attentes de l'établissement et l'adéquation avec votre profil :

Les principales attentes (être aussi précis que possible)	**Adéquation avec votre profil (expliquer pourquoi et donner des exemples)**
☐ Capacité de travail :	....
☐ Bon niveau en :	....
☐ Maîtrise des langues :	....
☐ Intérêt pour :	....
☐ Qualités spécifiques :	....
☐ Autres :	....

Préparation de lettre de motivation - Fiche n°...

1. Nom de l'établissement (onglet « Mes vœux » de Parcoursup) :
....

2. Nom de la formation (onglet « Mes vœux » de Parcoursup) :

....

3. Ce qui vous plait spécifiquement dans cet établissement (cochez ce qui est pertinent et complétez les points associés) :

- ☐ Proximité géographique : .... km de votre domicile
- ☐ Locaux (modernes, historiques, récemment rénovés...) :

  ....

- ☐ Réputation, classements : ....

  ....

- ☐ Méthodes pédagogiques : ....

  ....

- ☐ Valeurs / ambiance de travail : ....

  ....

- ☐ Relations avec les entreprises :..

  ....

- ☐ Ouverture internationale :..

  ....

- ☐ Possibilités de poursuite ses études dans l'établissement après cette formation : ....

  ....

- ☐ Autre :..

  ....

  ....

4. **Ce qui vous plait spécifiquement dans la formation** :

- ☐ Cf fiche n°....
- ☐ Durée (pourquoi ?) : ....
- ☐ Débouchés professionnels :...
  ....
- ☐ Méthodes pédagogiques :...
  ....
- ☐ Disciplines enseignées : ....
  ....
- ☐ Rythme de travail : ....
  ....
- ☐ Ouverture internationale : ....
  ....
- ☐ Réputation, classements : ....
  ....
  ....
- ☐ Autres : ....

5. Ce que vous avez fait pour connaître l'établissement / la formation :

- ☐ Portes ouvertes / forum (préciser la date, éventuellement le nom des personnes rencontrées, les informations collectées)
  ....
  ....
- ☐ Anciens élèves rencontrés (noms, informations collectées)
  ....
- ☐ Site web consulté (informations spécifiques retenues)
  ....

- ☐ Vidéos visionnées (préciser les informations retenues)

  ....

  ....

6. Les attentes de l'établissement et l'adéquation avec votre profil :

Les principales attentes (être aussi précis que possible)	Adéquation avec votre profil (expliquer pourquoi et donner des exemples)
☐ Capacité de travail :	....
☐ Bon niveau en :	....
☐ Maîtrise des langues :	....
☐ Intérêt pour :	....
☐ Qualités spécifiques :	....
☐ Autres :	....

Préparation de lettre de motivation - Fiche n°…

1. Nom de l'établissement (onglet « Mes vœux » de Parcoursup) : ……………………………………………………………………………………………

2. Nom de la formation (onglet « Mes vœux » de Parcoursup) :

……………………………………………………………………………………………

3. Ce qui vous plait spécifiquement dans cet établissement (cochez ce qui est pertinent et complétez les points associés) :

- ☐ Proximité géographique : …. km de votre domicile
- ☐ Locaux (modernes, historiques, récemment rénovés…) :

  ……………………………………………………………………………………
- ☐ Réputation, classements : ……………………………………………………

  ……………………………………………………………………………………
- ☐ Méthodes pédagogiques : …………………………………………………

  ……………………………………………………………………………………
- ☐ Valeurs / ambiance de travail : ………………………………………….

  ……………………………………………………………………………………
- ☐ Relations avec les entreprises :…………………………………………….

  ……………………………………………………………………………………
- ☐ Ouverture internationale :…………………………………………………

  ……………………………………………………………………………………
- ☐ Possibilités de poursuite ses études dans l'établissement après cette formation : ……………………………………………………………

  ……………………………………………………………………………………
- ☐ Autre :……………………………………………………………………

  ……………………………………………………………………………………

  ……………………………………………………………………………………

4. **Ce qui vous plait spécifiquement dans la formation** :

- ☐ Cf fiche n°….
- ☐ Durée (pourquoi ?) : ……………………………………………………………
- ☐ Débouchés professionnels :…………………………………………………

  ……………………………………………………………………………………………
- ☐ Méthodes pédagogiques :……………………………………………………

  ……………………………………………………………………………………………
- ☐ Disciplines enseignées : ……………………………………………………

  ……………………………………………………………………………………………
- ☐ Rythme de travail : ………………………………………………………………

  ……………………………………………………………………………………………
- ☐ Ouverture internationale : …………………………………………………

  ……………………………………………………………………………………………
- ☐ Réputation, classements : …………………………………………………

  ……………………………………………………………………………………………

  ……………………………………………………………………………………………
- ☐ Autres : ………………………………………………………………………………

5. Ce que vous avez fait pour connaître l'établissement / la formation :

- ☐ Portes ouvertes / forum (préciser la date, éventuellement le nom des personnes rencontrées, les informations collectées)

  ……………………………………………………………………………………………

  ……………………………………………………………………………………………
- ☐ Anciens élèves rencontrés (noms, informations collectées)

  ……………………………………………………………………………………………
- ☐ Site web consulté (informations spécifiques retenues)

  ……………………………………………………………………………………………

☐ Vidéos visionnées (préciser les informations retenues)

....

....

6. Les attentes de l'établissement et l'adéquation avec votre profil :

Les principales attentes (être aussi précis que possible)	**Adéquation avec votre profil (expliquer pourquoi et donner des exemples)**
☐ Capacité de travail :	....
☐ Bon niveau en :	....
☐ Maîtrise des langues :	....
☐ Intérêt pour :	....
☐ Qualités spécifiques :	....
☐ Autres :	....

Préparation de lettre de motivation - Fiche n°...

1. Nom de l'établissement (onglet « Mes vœux » de Parcoursup) : ....

2. Nom de la formation (onglet « Mes vœux » de Parcoursup) :

....

3. Ce qui vous plait spécifiquement dans cet établissement (cochez ce qui est pertinent et complétez les points associés) :

- ☐ Proximité géographique : .... km de votre domicile
- ☐ Locaux (modernes, historiques, récemment rénovés...) :

  ....
- ☐ Réputation, classements : ....

  ....
- ☐ Méthodes pédagogiques : ....

  ....
- ☐ Valeurs / ambiance de travail : ....

  ....
- ☐ Relations avec les entreprises :...

  ....
- ☐ Ouverture internationale :...

  ....
- ☐ Possibilités de poursuite ses études dans l'établissement après cette formation : ....

  ....
- ☐ Autre :...

  ....

  ....

4. **Ce qui vous plait spécifiquement dans la formation** :

- ☐ Cf fiche n°....
- ☐ Durée (pourquoi ?) : ....
- ☐ Débouchés professionnels :...

  ....
- ☐ Méthodes pédagogiques :...

  ....
- ☐ Disciplines enseignées : ....

  ....
- ☐ Rythme de travail : ....

  ....
- ☐ Ouverture internationale : ....

  ....
- ☐ Réputation, classements : ....

  ....

  ....
- ☐ Autres : ....

5. Ce que vous avez fait pour connaître l'établissement / la formation :

- ☐ Portes ouvertes / forum (préciser la date, éventuellement le nom des personnes rencontrées, les informations collectées)

  ....

  ....
- ☐ Anciens élèves rencontrés (noms, informations collectées)

  ....
- ☐ Site web consulté (informations spécifiques retenues)

  ....

☐ Vidéos visionnées (préciser les informations retenues)

....

....

6. Les attentes de l'établissement et l'adéquation avec votre profil :

Les principales attentes (être aussi précis que possible)	**Adéquation avec votre profil (expliquer pourquoi et donner des exemples)**
☐ Capacité de travail :	....
☐ Bon niveau en :	....
☐ Maîtrise des langues :	....
☐ Intérêt pour :	....
☐ Qualités spécifiques :	....
☐ Autres :	....

Préparation de lettre de motivation - Fiche n°...

1. Nom de l'établissement (onglet « Mes vœux » de Parcoursup) : ....

2. Nom de la formation (onglet « Mes vœux » de Parcoursup) :

....

3. Ce qui vous plait spécifiquement dans cet établissement (cochez ce qui est pertinent et complétez les points associés) :

- ☐ Proximité géographique : .... km de votre domicile
- ☐ Locaux (modernes, historiques, récemment rénovés...) :

  ....

- ☐ Réputation, classements : ....

  ....

- ☐ Méthodes pédagogiques : ....

  ....

- ☐ Valeurs / ambiance de travail : ....

  ....

- ☐ Relations avec les entreprises :..

  ....

- ☐ Ouverture internationale :..

  ....

- ☐ Possibilités de poursuite ses études dans l'établissement après cette formation : ....

  ....

- ☐ Autre :..

  ....

  ....

4. **Ce qui vous plait spécifiquement dans la formation** :

- ☐ Cf fiche n°....
- ☐ Durée (pourquoi ?) : ....
- ☐ Débouchés professionnels :..
  ....
- ☐ Méthodes pédagogiques :..
  ....
- ☐ Disciplines enseignées : ....
  ....
- ☐ Rythme de travail : ....
  ....
- ☐ Ouverture internationale : ....
  ....
- ☐ Réputation, classements : ....
  ....
  ....
- ☐ Autres : ....

5. Ce que vous avez fait pour connaître l'établissement / la formation :

- ☐ Portes ouvertes / forum (préciser la date, éventuellement le nom des personnes rencontrées, les informations collectées)
  ....
  ....
- ☐ Anciens élèves rencontrés (noms, informations collectées)
  ....
- ☐ Site web consulté (informations spécifiques retenues)
  ....

☐ Vidéos visionnées (préciser les informations retenues)

....

....

6. Les attentes de l'établissement et l'adéquation avec votre profil :

Les principales attentes (être aussi précis que possible)	**Adéquation avec votre profil (expliquer pourquoi et donner des exemples)**
☐ Capacité de travail :	....
☐ Bon niveau en :	....
☐ Maîtrise des langues :	....
☐ Intérêt pour :	....
☐ Qualités spécifiques :	....
☐ Autres :	....

Préparation de lettre de motivation - Fiche n°…

1. Nom de l'établissement (onglet « Mes vœux » de Parcoursup) :
………

2. Nom de la formation (onglet « Mes vœux » de Parcoursup) :

………

3. Ce qui vous plait spécifiquement dans cet établissement (cochez ce qui est pertinent et complétez les points associés) :

- ☐ Proximité géographique : …. km de votre domicile
- ☐ Locaux (modernes, historiques, récemment rénovés…) :

  ……………………………………………………………………………………………

- ☐ Réputation, classements : ……………………………………………………

  ……………………………………………………………………………………………

- ☐ Méthodes pédagogiques : …………………………………………………

  ……………………………………………………………………………………………

- ☐ Valeurs / ambiance de travail : ……………………………………………

  ……………………………………………………………………………………………

- ☐ Relations avec les entreprises :……………………………………………

  ……………………………………………………………………………………………

- ☐ Ouverture internationale :…………………………………………………

  ……………………………………………………………………………………………

- ☐ Possibilités de poursuite ses études dans l'établissement après cette formation : ……………………………………………………………………

  ……………………………………………………………………………………………

- ☐ Autre :……………………………………………………………………………

  ……………………………………………………………………………………………

  ……………………………………………………………………………………………

4. **Ce qui vous plait spécifiquement dans la formation** :

- ☐ Cf fiche n°....
- ☐ Durée (pourquoi ?) : ....
- ☐ Débouchés professionnels :...

  ....
- ☐ Méthodes pédagogiques :..

  ....
- ☐ Disciplines enseignées : ....

  ....
- ☐ Rythme de travail : ....

  ....
- ☐ Ouverture internationale : ....

  ....
- ☐ Réputation, classements : ....

  ....

  ....
- ☐ Autres : ....

5. Ce que vous avez fait pour connaître l'établissement / la formation :

- ☐ Portes ouvertes / forum (préciser la date, éventuellement le nom des personnes rencontrées, les informations collectées)

  ....

  ....
- ☐ Anciens élèves rencontrés (noms, informations collectées)

  ....
- ☐ Site web consulté (informations spécifiques retenues)

  ....

☐ Vidéos visionnées (préciser les informations retenues)

....

....

6. Les attentes de l'établissement et l'adéquation avec votre profil :

Les principales attentes (être aussi précis que possible)	**Adéquation avec votre profil (expliquer pourquoi et donner des exemples)**
☐ Capacité de travail :	....
☐ Bon niveau en :	....
☐ Maîtrise des langues :	....
☐ Intérêt pour :	....
☐ Qualités spécifiques :	....
☐ Autres :	....

Préparation de lettre de motivation - Fiche n°...

1. Nom de l'établissement (onglet « Mes vœux » de Parcoursup) : ……………………………………………………………………………………………………

2. Nom de la formation (onglet « Mes vœux » de Parcoursup) :

……………………………………………………………………………………………………

3. Ce qui vous plait spécifiquement dans cet établissement (cochez ce qui est pertinent et complétez les points associés) :

- ☐ Proximité géographique : .... km de votre domicile
- ☐ Locaux (modernes, historiques, récemment rénovés...) :

  ……………………………………………………………………………………
- ☐ Réputation, classements : ……………………………………………………

  ……………………………………………………………………………………
- ☐ Méthodes pédagogiques : ……………………………………………………

  ……………………………………………………………………………………
- ☐ Valeurs / ambiance de travail : ………………………………………………

  ……………………………………………………………………………………
- ☐ Relations avec les entreprises :………………………………………………

  ……………………………………………………………………………………
- ☐ Ouverture internationale :……………………………………………………

  ……………………………………………………………………………………
- ☐ Possibilités de poursuite ses études dans l'établissement après cette formation : ……………………………………………………………

  ……………………………………………………………………………………
- ☐ Autre :……………………………………………………………………………

  ……………………………………………………………………………………

  ……………………………………………………………………………………

4. **Ce qui vous plait spécifiquement dans la formation** :

- ☐ Cf fiche n°....
- ☐ Durée (pourquoi ?) : ....
- ☐ Débouchés professionnels :..

  ....
- ☐ Méthodes pédagogiques :...

  ....
- ☐ Disciplines enseignées : ....

  ....
- ☐ Rythme de travail : ....

  ....
- ☐ Ouverture internationale : ....

  ....
- ☐ Réputation, classements : ....

  ....

  ....
- ☐ Autres : ....

5. Ce que vous avez fait pour connaître l'établissement / la formation :

- ☐ Portes ouvertes / forum (préciser la date, éventuellement le nom des personnes rencontrées, les informations collectées)

  ....

  ....
- ☐ Anciens élèves rencontrés (noms, informations collectées)

  ....
- ☐ Site web consulté (informations spécifiques retenues)

  ....

☐ Vidéos visionnées (préciser les informations retenues)

………………………………………………………………………………………………

………………………………………………………………………………………………

6. Les attentes de l'établissement et l'adéquation avec votre profil :

Les principales attentes (être aussi précis que possible)	**Adéquation avec votre profil (expliquer pourquoi et donner des exemples)**
☐ Capacité de travail : …………………… ………………………………………………	……………………………………… ………………………………………
☐ Bon niveau en : ………………………… ……………………………………………… ………………………………………………	……………………………………… ……………………………………… ………………………………………
☐ Maîtrise des langues : ………………… ………………………………………………	……………………………………… ………………………………………
☐ Intérêt pour : …………………………… ……………………………………………… ………………………………………………	……………………………………… ……………………………………… ………………………………………
☐ Qualités spécifiques : ………………… ……………………………………………… ………………………………………………	……………………………………… ……………………………………… ………………………………………
☐ Autres : ………………………………… ……………………………………………… ……………………………………………… ……………………………………………… ……………………………………………… ………………………………………………	……………………………………… ……………………………………… ……………………………………… ……………………………………… ……………………………………… ………………………………………

Préparation de lettre de motivation - Fiche n°...

1. Nom de l'établissement (onglet « Mes vœux » de Parcoursup) : ....

2. Nom de la formation (onglet « Mes vœux » de Parcoursup) :

....

3. Ce qui vous plait spécifiquement dans cet établissement (cochez ce qui est pertinent et complétez les points associés) :

- ☐ Proximité géographique : .... km de votre domicile
- ☐ Locaux (modernes, historiques, récemment rénovés...) :

  ....
- ☐ Réputation, classements : ....

  ....
- ☐ Méthodes pédagogiques : ....

  ....
- ☐ Valeurs / ambiance de travail : ....

  ....
- ☐ Relations avec les entreprises :..

  ....
- ☐ Ouverture internationale :..

  ....
- ☐ Possibilités de poursuite ses études dans l'établissement après cette formation : ....

  ....
- ☐ Autre :..

  ....

  ....

4. **Ce qui vous plait spécifiquement dans la formation** :

- ☐ Cf fiche n°....
- ☐ Durée (pourquoi ?) : ....
- ☐ Débouchés professionnels :...

  ....
- ☐ Méthodes pédagogiques :...

  ....
- ☐ Disciplines enseignées : ....

  ....
- ☐ Rythme de travail : ....

  ....
- ☐ Ouverture internationale : ....

  ....
- ☐ Réputation, classements : ....

  ....

  ....
- ☐ Autres : ....

5. Ce que vous avez fait pour connaître l'établissement / la formation :

- ☐ Portes ouvertes / forum (préciser la date, éventuellement le nom des personnes rencontrées, les informations collectées)

  ....

  ....
- ☐ Anciens élèves rencontrés (noms, informations collectées)

  ....
- ☐ Site web consulté (informations spécifiques retenues)

  ....

☐ Vidéos visionnées (préciser les informations retenues)

....

....

6. Les attentes de l'établissement et l'adéquation avec votre profil :

Les principales attentes (être aussi précis que possible)	**Adéquation avec votre profil (expliquer pourquoi et donner des exemples)**
☐ Capacité de travail :	....
☐ Bon niveau en :	....
☐ Maîtrise des langues :	....
☐ Intérêt pour :	....
☐ Qualités spécifiques :	....
☐ Autres :	....

Jours 4 et 5 : rédaction des lettres de motivation

Les quatrièmes et cinquièmes jours sont consacrés à la rédaction des lettres de motivation, en s'appuyant sur le travail préparatoire effectué lors des deux jours précédents.

Lettres de motivation : quelques conseils préliminaires

C'est une **lettre de motivation assez courte** (la plupart des établissements demandent un texte de 1500 caractères espaces compris **au maximum**). Pour gagner du temps, il est important de les rédiger sur **traitement de texte** (Word par exemple).

Cela vous permettra de sécuriser votre saisie (il serait dommage qu'il y ait un bug sur la plateforme Parcoursup !), mais aussi de vérifier l'orthographe (menu Révision, fonction « orthographe et grammaire » dans Word) ainsi que la longueur du texte (menu Révision, fonction « statistiques » dans Word). Vous pourrez également profiter des fonctionnalités de copier/coller du traitement de texte, très utiles pour réaliser vos lettres plus rapidement.

Il n'est pas forcément grave que votre texte soit plus court si vous manquez d'inspiration, mais essayez de ne rien oublier qui pourrait renforcer votre dossier. Il est vraiment important de soigner la forme (orthographe et grammaire), qui compte tout autant que le fond dans l'appréciation de votre dossier. N'hésitez pas à faire relire ces textes à un parent, un ami, un voisin ou un professeur pour éviter toute mauvaise surprise.

Vous ne devez pas mentionner vos noms et prénoms dans les textes saisis sur Parcoursup. Par contre, il vous est demandé d'être précis dans les éléments évoqués, en veillant à proposer des exemples concrets à chaque fois que c'est possible.

Un point essentiel : présentez un projet professionnel cohérent

L'établissement que vous demandez veut de manière prioritaire que vous démontriez au travers de la lettre de motivation que la formation que vous demandez est cohérente avec votre projet professionnel et la poursuite d'études éventuellement envisagée après cette formation.

Il vous faut donc tout d'abord être capable d'expliquer en quelques mots votre projet professionnel.

Si vous n'avez pas une idée précise du métier de vos rêves, retenez un métier qui pourrait vous attirer parmi les débouchés identifiés dans Parcoursup pour la formation demandée (Fiche formation – « Connaître les débouchés professionnels »). Afficher votre indécision ne sera en effet pas forcément apprécié par les établissements demandés.

Il est très important que le métier visé soit cohérent avec la formation demandée pour chacune des lettres de motivation. Si vous demandez des formations conduisant à des métiers très différents, il vous est conseillé de moduler le métier visé en fonction de la formation pour maintenir une bonne cohérence formation/métier dans l'ensemble des lettres de motivation.

Si vous ne prévoyez pas d'intégrer le marché du travail directement après la formation demandée, il vous est conseillé d'indiquer dans la lettre de motivation une piste de formation complémentaire, idéalement au sein de l'établissement visé (ces formations sont généralement présentées sur son site web, regardez par exemple les masters en droit proposé par l'Université si vous demandez une licence de droit). Il s'agit uniquement de montrer que vous vous projetez de façon cohérente, vous ne vous engagez pas à réaliser cette formation complémentaire.

Structure de vos lettres de motivation

Pour gagner du temps, nous vous proposons d'utiliser de façon systématique la structure suivante pour vos lettres de motivation, en l'adaptant principalement à partir des éléments renseignés dans les fiches préparatoires.

Madame, Monsieur,

En lien avec mon projet d'études, je souhaite vivement intégrer (formation : voir l'élément 2. de la fiche préparatoire) de (établissement : voir l'élément 1. de la fiche préparatoire).

Très intéressé(e) par (à compléter, par exemple la négociation en environnement multiculturel si vous vous destinez au commerce international, ou les nouvelles technologies de l'énergie si vous souhaitez devenir technicien ou ingénieur dans ce secteur), je souhaite être (métier/fonction visés) dans (type d'entreprise et/ou secteur..., si vous êtes fixés sur ce point). Ce type de carrière nécessite de bonnes connaissances en (disciplines enseignées dans le cadre de la formation visée). L'enseignement proposé par votre établissement constitue par conséquent une préparation / une première étape idéale pour cette carrière, avant (formation complémentaire envisagée après la formation demandée, le cas échéant, par exemple une école d'ingénieurs généraliste après une classe préparatoire scientifique).

- Utilisez pour élaborer ce paragraphe les éléments préparés à l'étape précédente concernant votre projet professionnel, ainsi que les éléments du paragraphe 4. de la fiche préparatoire. Pensez qu'il s'agit de démontrer que la formation est idéale pour vous.

(Adjectifs présentant vos qualités en relation avec ce qui est attendu pour cette formation : ex. curieux, travailleur, rigoureux...), je me passionne pour mes spécialités (à compléter avec vos spécialités de Terminale) ainsi que pour (à compléter en fonction des attentes scolaires de la formation : langues étrangères, discipline particulière, etc.). Démontrer ces intérêts au travers d'exemples : vous pouvez évoquer un abonnement, des lectures non requises par le lycée, des formations complémentaires, des prix/concours, l'écoute de podcasts, la participation à des événements...

- Utilisez pour alimenter ce paragraphe les éléments du paragraphe 6. de la fiche préparatoire. Il s'agit de montrer que votre candidature répond bien voire très bien aux attendus de la formation et de l'établissement.

Votre établissement a retenu mon attention du fait de (cf. éléments du paragraphe 3. de la fiche préparatoire). Lors de (portes ouvertes du xx/xx/xxxx, forum du xx/xx/xxxx, rencontres avec d'anciens élèves : voir le paragraphe 5. de votre fiche préparatoire), j'ai pu constater avec plaisir à quel point vous (éléments issus des paragraphes 3. et 5. de votre fiche préparatoires).

- Il s'agit ici de rassurer l'organisme concernant votre motivation, et votre bonne connaissance de l'établissement.

Bien cordialement.

Il est important que votre lettre de motivation reste aussi concise que possible et respecte la limite en matière de longueur fixée sur Parcoursup, 1500 caractères espaces compris en règle générale (utiliser le menu Révision, fonction « statistiques » dans Word avant de coller le texte dans Parcoursup).

Apportez une grande attention à la qualité de lettre de motivation sur la forme comme le fond. Le langage familier est notamment exclu. Pensez qu'il s'agit de convaincre les responsables de l'établissement que vous souhaitez intégrer que vous êtes leur meilleur choix. L'originalité reste possible mais dans le respect du cadre fourni.

Jour 6 : éléments complémentaires, relecture et confirmation

Le sixième jour doit être consacré à la réalisation des **éléments complémentaires** éventuellement demandés pour certains vœux (paiements, formulaires supplémentaires, questions concernant un éventuel internat…), au **collage** des différents textes dans Parcoursup, à la **relecture globale** du dossier et à la **confirmation de vos vœux**.

Attention : il est indispensable de confirmer vos vœux avant l'échéance de fermeture de la plateforme Parcoursup, faute de quoi vos demandes de formation ne seront pas prises en compte par les établissements de formation visés.

L'étape de relecture globale est essentielle, car il serait vraiment dommage de gâcher votre dossier à cause par exemple d'une simple erreur de copier/coller. Vérifier donc en particulier que vous ne vous êtes pas trompés de lettre de motivation en copiant votre texte.

Il est pertinent de solliciter un tiers (famille, ami, voisin, professeur…) pour cette étape de relecture, notamment pour faire d'éventuels derniers ajustements de forme.

Ça y est, tout est prêt ? Bravo, il ne reste plus qu'à croiser les doigts en attendant les résultats.

Nos conseils concernant la gestion des résultats

Les réponses reçues sur Parcoursup sont différentes selon les formations demandées.

Pour une **formation sélective** (classe préparatoires, BTS, BUT, écoles, Sciences Po/IEP, IFSI, EFTS, licences sélectives, etc.), trois réponses sont possibles :

- **Oui** : vous avez une proposition d'admission et devez y répondre dans les délais indiqués.
- **En attente** : vous n'avez pas encore de proposition d'admission. Votre position en liste d'attente est indiquée en face du vœu, elle évoluera en fonction des places qui se libèrent.
- **Non** : vous n'êtes pas classé dans cette formation. Une notification est faite dans votre dossier vous permettant de solliciter auprès du chef d'établissement des explications sur la décision prises à votre égard et sur les critères utilisés. La notification vous renseigne également sur les voies et des délais de recours possibles.

Pour une **formation non sélective** (licence, parcours spécifique "accès santé" - PASS), les trois réponses suivantes sont possibles :

- **Oui** : vous avez une proposition d'admission et devez y répondre dans les délais indiqués.
- **Oui-si** : vous avez une proposition d'admission et la formation a estimé nécessaire que vous suiviez un parcours personnalisé avec des remises à niveau permettant de renforcer votre capacité à réussir dans la formation.
- **En attente** : vous n'avez pas encore de proposition d'admission. Votre position en liste d'attente est indiquée en face du vœu, elle évoluera en fonction des places qui se libèrent.

Pour une **formation en apprentissage** :

- **Oui** : retenu sous réserve de la signature d'un contrat : cela signifie que vous devez rechercher un employeur pour signer un contrat d'apprentissage. C'est la condition pour être admis dans cette formation.
- **Non** : vous êtes refusé dans cette formation.

Si vous recevez un ou plusieurs « Oui », il vous faudra retenir celui qui répond le mieux à vos besoins, c'est-à-dire celui qui vous aidera le mieux à réaliser vos objectifs professionnels, dans les meilleures conditions possibles. Pas d'inquiétude, vous ne renoncerez pas pour autant aux vœux «En attente » qui serait mieux classés dans votre liste de priorités.

Si vous êtes « En attente », cela signifie que le nombre de places disponibles et votre rang de classement dans la formation ne permet pas, pour l'instant, de vous faire une proposition d'admission. Vous êtes alors placé sur la « liste d'attente » de cette formation, en attendant que des places se libèrent.

Dans la rubrique « Admission » de votre dossier, en face de chaque vœu en attente, vous pouvez cliquer sur le bouton « Liste d'attente » pour obtenir les informations suivantes :

- votre position dans la liste d'attente,
- le nombre total de candidats dans la liste d'attente,
- le nombre de places dans la formation,
- votre position dans le classement de la formation : ce classement correspond à l'ordre dans lequel les candidats peuvent recevoir une proposition d'admission,
- la position dans le classement du dernier candidat qui a reçu une proposition d'admission en 2023 (lorsque l'information est disponible),
- la position du dernier candidat qui a reçu une proposition d'admission cette année (cet indicateur évolue tout au long de la phase d'admission).

L’ensemble de ces informations permet de comprendre et suivre l'évolution de votre situation en liste d'attente et estimer vos possibilités d'être admis.

A chaque fois que vous recevez une nouvelle proposition d’admission mieux classée dans votre liste de priorités, il vous suffit de la valider en remplacement de la précédente moins intéressante. Cela ne vous empêche toutefois pas d’attendre d’éventuelles bonnes nouvelles concernant les vœux encore « En Attente ».

Si vous ne recevez que des « Non », pas de panique car une deuxième phase est prévue. Il vous faut alors définir une nouvelle liste de vœux, en veillant à être sans doute un peu moins ambitieux en matière de sélectivité.

Chaque candidat non retenu dans une formation sélective peut demander par courrier, dans le délai d’un mois suivant la notification de cette décision, les critères et modalités de l'examen des vœux ainsi que les motifs qui justifient la décision prise à son égard. Les informations lui sont ensuite transmises directement par le responsable de la formation concernée, par voie postale, avec les éléments demandés. S’il s’agit d’une formation publique, vous avez également le droit de contester la décision en formulant un recours devant le tribunal administratif dans les deux mois qui suivent la décision.

Un dernier conseil : soyez très vigilant concernant les délais indiqués par la plateforme pour ne perdre aucune opportunité, et surveillez de façon très fréquente les messages de la plateforme.

Une fois que vous avez choisi définitivement votre formation, vous devez prendre connaissance des modalités d’inscription administrative dans cette formation et suivre les instructions données par l’établissement dans votre dossier.

Table des matières

Printed in France by Amazon
Brétigny-sur-Orge, FR

18966716R00054